48
Lb. 1371.

HISTOIRE

DES TORTS DE L'EUROPE

ENVERS LA FRANCE,

DEPUIS 1789 JUSQU'A NOS JOURS.

Cet Ouvrage paraîtra incessamment par parties détachées.

HISTOIRE

DES TORTS DE L'EUROPE

ENVERS LA FRANCE,

DEPUIS 1789 JUSQU'A NOS JOURS.

> La révolution appartient moins à nous qu'à nos ennemis, qui en ont prolongé le cours et multiplié les excès.

PARIS.

BAUDOUIN FRÈRES, IMPRIMEURS-LIBRAIRES,
RUE DE VAUGIRARD, N° 36.

1819.

INTRODUCTION.

A aucune autre époque que la nôtre, le genre humain n'a été le témoin d'une aussi étrange colère des castes privilégiées contre les plébéiens. Pendant le cours de notre révolution, l'Europe féodale a reculé les bornes de la calomnie ; et dans sa haine, elle n'a gardé ni pudeur ni mesure. Ses impostures ont égalé, non-seulement le nombre des saisons, mais encore celui des jours. Elle a alimenté des foyers d'une diffamation dont les échos ont de toutes parts retenti.

Tout changeait de nom ; la liberté française devenait un attentat, et les maximes du siècle un scandale. Elle attaquait avec mauvaise foi et poursuivait avec violence nos institutions nouvelles. Elle daignait cependant excepter de ses virulentes invectives, l'héroïsme et le courage ; mais qui peut lui savoir gré de cette générosité ? nos succès n'auraient-ils pas, chaque jour, réfuté l'impudence et l'effronterie de ses téméraires accusations ? Il n'y a point de calomniateur, le lendemain d'une victoire.

Notre révolution, il est vrai, semblait exiger une profonde prévoyance. Elle devait attirer toute l'attention et les regards du despotisme et de la féodalité. Quoiqu'ils fussent ancrés dans les préjugés depuis tant de siècles, la tempête allait enfin les atteindre ; le plus imminent des dangers les menaçait ; le siècle et les Français se déclaraient leurs ennemis. Contre qui donc s'armer, si l'influence progressive de l'un, et la séduction puissante des autres n'excitent point d'alarmes ? Pour la première fois la liberté venait de prendre les couleurs françaises, et personne n'ignorait que rien n'arrête l'entraînement de l'exemple, lorsque la France imprime à des nouveautés son caractère, son esprit et son enthousiasme. Il était donc urgent d'associer avec les armes, les poisons de la calomnie.

Mais à quelque degré d'intensité que se portât la rage aristocratique ; quelque insensée que fût l'intempérance de ses discours, néanmoins le bruit du canon, et les cris de la victoire atténuaient l'impression de tant d'impostures. Nous étions tout à la gloire et au triomphe de la cause libérale, objet de nos vœux et de notre prédilection. Notre préoccupation, notre enthousiasme ne laissaient aucune action aux poisons d'injurieuses calomnies. D'ailleurs, combien de fois n'est-il pas arrivé que l'ennemi diffamateur est devenu l'ennemi battu. Cette compensation nous permettait d'ajourner à la paix, un autre genre de réfutation. On a toujours l'occasion de rencontrer le calomniateur ; rien ne s'efface moins que ses traces.

La paix, en effet, en procure aujourd'hui le loisir. Toutes nos distractions précédentes se sont évanouies ; les lauriers n'interceptent plus les traits de la calomnie féodale ; nos détracteurs se font entendre distinctement à nous, devenus plus attentifs à l'insolence, et plus sensibles à l'insulte. Tous les propos sont recueillis ; les moindres signes de mépris doublent de signification ; on transcrit la liste des imposteurs ; on se rappelle combien les féodaux européens ont eu en horreur notre *passé révolutionnaire*. On recherche s'ils sont plus justes envers notre *présent*, devenu constitutionnel ; en récapitulant ainsi toutes les lâches infamies dont nous sommes l'objet, on ne se défend pas d'un esprit de vengeance, et on éprouve le besoin d'épargner à une grande nation, la honte de laisser son passé et son présent à la merci des salons, à la discrétion de la politique, et à la mauvaise foi d'une dispute interminable.

Nous n'engagerons cependant personne à pousser trop loin la susceptibilité nationale ; il faut savoir y mettre des bornes, et condescendre, jusqu'à un certain point, aux injustices de l'orgueil, de la vanité et de l'égoïsme. Une longue suite de siècles a permis à la féodalité de considérer ces trois titres comme un patrimoine ; et maintenant elle se prévaut contre nous, pour les justifier, de la sanction de nos pères. Nous *ne* savons *que* trop, en effet, quelle fut toujours la bonhomie de la classe plébéienne. Mais notre tolérance peut-elle continuer à devenir une lâcheté ? Si les hostilités militaires ont cessé leurs ravages, ne reste-t-il pas encore à terminer la guerre d'une permanente diffamation ? A chaque attentat de la politique, dans tous les instants de la conspiration anti-sociale, nous servons sans cesse d'excuse et de texte, à tous ceux qui travaillent à l'oppression des des peuples. Aujourd'hui, à l'exemple de nos guerriers, il appartient aux écrivains de se signaler sur ce nouveau champ de bataille, et de mériter aussi le nom de braves, dans ce genre de combat.

Renverrions-nous à la postérité cette controverse politique, pour attendre de nos neveux son éclatante justice ?

Sans doute, les académies, dans l'avenir, moins timides, parce qu'elles seront plus animées d'un zèle civique, défendront notre mémoire, et le nom français que nous leur aurons transmis si glorieux. Dépouillant alors notre antiquité du voile des énigmes et des mystères, elles l'honoreront de leurs chants et de leurs éloges. Mais l'amour-propre d'une nation telle que la France, ne saurait jamais approuver les ajournemens. A ses yeux, l'honneur contemporain paraît l'égal de cette renommée, dont chaque peuple est jaloux de jouir, jusques chez les dernières générations. Il ne se compose que de l'estime et de la justice des autres peuples de son temps. Cet honneur ne sera pas vainement sollicité, puisque l'impartialité plébéienne doit l'accorder. Il n'existe donc aucun prétexte de se dispenser de prémunir l'opinion générale, contre les insinuations perfides, les accusations mensongères de la calomnie; il faut même opérer un prodige, celui de paralyser la haine des féodaux et des diplomates. Ce n'est point ici une illusion. Les castes européennes continueront à prendre des résolutions; à former des congrés; à mobiliser leur troupe d'écrivains et de journalistes; à lithographier la France sous la forme effrayante d'un volcan; si on ne se hâte de rassembler cette foule de faits et de documens qui démentent leurs fausses suppositions, leurs déclamations impudentes et leurs lâches injures. Ce qu'elles redoutent le plus, et ce qui déconcertera leur profonde hypocrisie, c'est l'histoire de leur propre responsabilité.

Cette grave discussion est même depuis trop long-temps différée. Le sommeil des écrivains, leurs sacrifices, soit à la peur, soit à la corruption, sont un grand malheur. Alors, plus de défenseurs de la vérité, plus de sentinelles pour les peuples. En considérant l'ascendant funeste qu'on a laissé prendre aux féodaux, il est aisé d'apercevoir que la calomnie porte chaque jour de nouveaux ravages dans nos familles. On refuse l'éloge aux morts. Ne serait-ce pas ainsi honorer des cendres qu'on a tenté de jeter aux vents. Des Français, sur le bord de la tombe, obtiennent encore moins les témoignages d'estime et de reconnaissance que leurs services patriotiques leur ont si justement mérités. L'oubli du passé est sans doute une digue opposée aux passions qui nous agitent encore; mais ne devient-il pas, à chaque instant, une sorte de proscription qui ne permet ni au mérite, ni au civisme, ni à la vertu d'avoir des réminiscences honorables? La mémoire est ainsi forcée de rétrograder pour l'accusation, tandis que pour absoudre les grands citoyens qui ont porté le poids de la révolution, cette faculté lui est interdite.

Quel étrange privilége, et combien l'aristocratie en abuse! S'il est reconnu parmi les nations qu'elle a contribué à fonder le despotisme et la tyrannie; si leur ambition et leur égoïsme ont ensanglanté la patrie; si leurs mains ont forgé les chaînes des peuples, et dressé pour eux les échafauds; si la forme de leurs révolutions, le prétexte de leurs trahisons et les innombrables calamités qu'ils traînent à leur suite, ont été l'objet constant de leurs combinaisons et de leurs calculs, de quelle autre prérogative leur serait-il possible de jouir, si ce n'est de celle de s'en vanter? Ne bravent-ils pas la honte attachée à d'aussi coupables succès? Tout, à leurs yeux, se change en titres d'honneur; et leurs hauts faits politiques sont proclamés par leurs sectateurs comme des actes de dévouement et d'amour du bien public, comme des entreprises utiles à la propagation de la morale, au maintien de l'ordre social, au salut des empires. Dans leurs récits de chaque jour, la mémoire seconde leur orgueil et leur audace. Ils publient tout, parce qu'ils ne rougissent de rien. La modestie ou le remords commandent seuls les réticences et le silence.

Mais un semblable privilége est-il accordé aux fondateurs de la révolution? les amis, les zélateurs de la liberté publique peuvent-ils profiter de la même tolérance? quelle gloire les voit-on retirer d'avoir fréquenté le forum national ou les champs de bataille? Les sacrifices publics ou privés, les dangers courus, les cicatrices dont les corps sont couverts, les mutilations mêmes, peuvent-ils être avoués? La plainte même des outrages auxquels leur honneur et leur patriotisme ont été exposés, leur a-t-elle été permise? Le préjugé les intimide encore, et par conséquent, dans le silence qui leur est imposé, le doute affligeant si la cause de la liberté est une cause honorable à plaider et à défendre, subsiste toujours.

L'honneur des nations exige donc que cette incertitude scandaleuse soit levée. Il n'importe pas moins de rendre au peuple français, le droit d'entendre les agens de la révolution raconter, comme fonctionnaires publics, leurs nombreux travaux, et les guerriers de la liberté proclamer leurs glorieux exploits. Par tous leurs services, que la nation approuve, se sont-ils jamais proposé d'autre résultat que de la sauver de la domination étrangère, et du joug honteux de la féodalité? Le silence deviendrait une noire ingratitude, si, pour ménager de serviles doctrines, de honteux intérêts, on se refusait à restituer à leur réputation civique, ceux de nos législateurs, de nos fonctionnaires publics, de nos capitaines, de nos soldats et des individus de toutes les classes, qui ont honoré par leurs talens et leurs vertus, la longue carrière de la révolution.

Pour remplir cette tâche, nous devons porter notre plainte en calomnie contre nos détracteurs, au tribunal du grand jury contemporain des nations européennes. Ce tribunal suprême décidera en dernier ressort qui des Français ou des féodaux de l'Europe, ont provoqué et entretenu ensuite, depuis son origine, la discorde sur le continent et les mers qui l'entourent. Tous les points essentiels de ce grand différend seront articulés avec précision, afin que l'on connaisse la conduite et la politique de ceux qui ont fait gémir l'humanité, ont tenté d'abâtardir la civilisation, et ont fait, des traités et des sermens, un instrument de duplicité et de perfidie. Dans les ruines et le sein des calamités de cette lutte sanglante, la vérité s'est cachée ; on y découvrira les noms des pontifes, des ministres et des diplomates que la faction féodale a dérobés jusqu'ici à la justice du temps ; l'horrible calcul des dix millions de cadavres dont le sort cruel nous arrache des larmes, tandis que nos ennemis ne les estiment que comme des victimes légitimes, offertes à l'orgueil et à l'égoïsme de leur caste ; toute étendue que soit la surface de l'Europe, et quelle que soit la contrée qu'il faille aborder, il ne sera point difficile de faire, pour l'aristocratie de chaque pays, la part qui lui revient dans cette vaste culpabilité. Exista-t-il jamais plus d'occasions de signaler sa barbarie féodale ? On avait à choisir entre vingt fléaux à la fois : la guerre civile, la guerre étrangère, les trahisons, les complots, les révoltes et les assassinats. Heureux le monarchique qui a éprouvé de la répugnance à parcourir toutes les routes ouvertes pour notre extermination !

Cette période, unique dans les annales de l'univers,

abonde en faits, en intrigues et en machinations diverses. La nature semble avoir réservé pour elle les imaginations ardentes, les esprits rusés et les ames perfides. On n'inventa point le machiavélisme ; mais il cessa de devenir un simple précepte ; on le pratiqua chaque jour dans ce qu'on entreprit, dans ce qu'on conseilla de faire, et dans ce qu'on imagina d'exécuter. Toutes les passions éparses dans les siècles, y accoururent au premier signal de l'aristocratie et du despotisme ; elles bouillonnèrent en commun, et leur but constant, et pour lequel leur fureur n'a rien épargné, fut de consacrer de nouveau le retour des préjugés, et de replanter l'arbre féodal, qu'en France nous avions si heureusement abattu et déraciné.

Pour exposer de semblables tableaux, il faut se condamner à d'amers souvenirs : mais telle est notre destinée ; nous devons avoir long-temps encore entre les mains, le *livre de la révolution*. Les pièces justificatives de son but et de ses dogmes, celles qui nous concernent comme acteurs dans sa brillante fortune et dans ses adversités, tout y est, heureusement, inscrit avec fidélité. Sa lecture ne doit pas rebuter ; car il importe de prendre l'habitude d'en argumenter avec assurance et avec succès ; ce besoin est de tous les jours ; à chaque instant on se trouve dans l'obligation de répondre à ses détracteurs. Un compte rigoureux nous est demandé. Combien, en effet, de questions individuelles, lorsqu'elles ne devraient être adressées qu'aux coalitions étrangères ? La haine et la prévention se plaisent à la tronquer, à en détourner le sens et l'esprit, et à l'interpréter aux dépens de la conscience et de la probité de ses partisans. La malice et la méchanceté de nos ennemis exigent que nous ayons de la mémoire. L'honneur après une révolution ne doit jamais être pris au dépourvu.

En effet, combien de fois privé de la citation des faits et du commentaire des événemens, est-on contraint de souscrire à de faux raisonnemens, à d'humiliantes inductions et à des inculpations flétrissantes. Faute d'un de ces souvenirs qui dispensent de toute logique, le féodal *ultrà* en profite pour nous accabler de son mépris ; le sophiste *doctrinaire* pour nous distribuer sa censure, et ce qui est plus honteux encore nous devons endurer les hypocrites gémissemens de ces lâches déserteurs, de ces caméléons politiques, qui ont fait leur paix avec l'aristocratie, en sacrifiant l'honneur de vingt-cinq millions de leurs concitoyens.

C'est par cette imprévoyance, que, surpris dans un salon ou par un écrit de féodaux, nous sommes réduits à composer honteusement avec nos détracteurs ; tandis que la vérité et la justice, si l'on avait plus de mémoire du passé, combattraient victorieusement pour les intérêts de la liberté, et pour la cause des individus qui se sont sacrifiés pour la faire triompher ; invitant à lire le grand livre de la révolution, notre dessein n'est pas de rappeler de vieilles dates, dans l'intention coupable de raviver les animosités et les haines. On n'est ni monarchique, ni immobile, pour conseiller de placer, de la sorte aujourd'hui, ses yeux derrière la tête. Le passé, au contraire, est pour le bon citoyen un engagement formel en faveur du maintien de la paix ; mais il doit lui être permis, au milieu des calomnies et des impostures dont on l'abreuve, de classer dans l'esprit tout ce qui explique les plans, les projets, les intrigues ; tout ce qui commente les entreprises, les trames et les complots ; enfin tout ce qui caractérise la ténébreuse politique des diplomates et des castes privilégiées ; ce ne sont là ni des ombres, ni des fantômes ou des contes de fées ; car nos ennemis furent les perpétuels promoteurs des calamités que déplore une excessive sensibilité, ou qui exaspèrent une vengeance mal assouvie.

Que de découvertes à faire encore dans cette étude trop négligée, parce qu'on veut paraître trop complaisant envers les féodaux ! Les indiquer aux esprits prévenus, aux faibles, aux pusillanimes et aux ignorans, triste résidu de toutes les grandes crises politiques, n'est-ce pas se rendre éminemment utile à son pays ? En leur ouvrant les annales de la révolution, notre premier soin doit être de les placer à côté de son berceau ; il faut faire remonter l'attention vers cette mémorable année de 1789, si grosse de l'avenir. De quel bruit, avant-coureur de la rage étrangère, la France fut-elle alors frappée ? elle entendit, à sa grande surprise, les clameurs injustes de l'Europe féodale. En effet, nous n'étions encore qu'à notre début dans la carrière de notre émancipation, lorsqu'il s'éleva contre nous, au-delà des frontières, un cri de caste et de féodalité. On n'ignore pas ce dont un pareil cri peut être le précurseur. Princes, ministres, prêtres et chevaliers, tous menacèrent, à la fois, du fouet et du gibet, ceux qui avaient pris le titre honorable de *patriotes* ; ce langage insolent est consacré pour parler aux peuples.

Ainsi, nos premières alarmes et les craintes les mieux fondées nous vinrent, comme des nuages orageux, des terres féodales de la Germanie ; en vain avions-nous cherché à rassurer l'Europe et tous les trônes, la funeste diplomatie, et l'ascendant des castes feignirent de ne pas croire sincère la proclamation de l'Assemblée constituante. Cependant on était monté à la tribune et on avait attesté, devant le ciel et l'univers, que la révolution ne prétendait être qu'une affaire de famille, qu'une altercation purement domestique, qu'un débat particulier et absolument circonscrit dans nos limites. Bien loin de respecter cette déclaration, que la loyauté française changea en un serment solennel, la politique féodale nous refusa sa confiance, parce qu'elle rougissait de la donner à un peuple affranchi. L'antipathie pour la liberté est la première source des malheurs du genre humain.

L'aristocratie étrangère inventait chaque jour des prétextes pour blesser et aigrir l'amour-propre d'une nation généreuse, vive et enthousiaste. Sous les motifs les plus vains comme les plus ridicules, elle nous accusait de rendre trop bruyante au dehors notre nouvelle existence. Accusation bizarre ! Quel peuple, en effet, lorsqu'il brise ses chaînes, n'a point cherché à rendre ses voisins les témoins de sa juste allégresse, sans consulter la prudence, qui, seule, saurait supporter cette nouvelle fortune. Les Grecs, sous Pisistrate, les Romains, sous les Tarquins, n'avaient-ils pas tenu une semblable conduite ? L'a-t-on oublié ? Plus tard, les Vénitiens, les Génois, les Ragusains, et les autres peuples émancipés de l'Italie, avaient-ils célébré leur délivrance avec moins d'éclat ? A leur tour, les Hollandais, par leurs cris de joie, n'avaient-ils pas interrompu le silence de leurs marais ? Les Suisses, Guillaume Tell à leur tête, n'avaient-ils pas ébranlé leurs glaciers du bruit de leurs acclamations, lors de la conquête de leur liberté ? Enfin, lorsque le peuple anglais, et depuis les Américains, revendiquèrent une constitution et des garanties, le monde entier ne fut-il pas le spectateur de ce grand procès?

Si des exemples et des comparaisons ne font jamais fortune, du moins l'esprit de justice respecte les règles du bon voisinage; il abjure surtout l'absurde prétention d'intervenir dans les affaires d'autrui. Mais toutes les maximes de la saine civilisation, et jusqu'à ses droits les plus naturels, la tyrannique diplomatie avait déjà tout confondu et tout perverti depuis long-temps; un prince aggrave-t-il le joug de fer sous lequel gémit sa nation, la politique étrangère reste muette; elle se montre froide aux pleurs qu'elle voit verser; elle ne craint point les innovations du despotisme. Mais il en arrive tout autrement quand un peuple réclame sa vieille liberté, et qu'il ose la reprendre; on se permet alors une juridiction diplomatique. Les alarmes qu'on en conçoit, et les prétentions qu'on fait valoir, chaque démarche est une insulte dans la pratique ministérielle et féodale; et on ne doit point s'en étonner aujourd'hui; car, que peut-on, à présent même, remuer ou déplacer à son gré, s'il est question de formes, d'usages, de doctrines, de vieux préjugés et d'institutions, sans s'exposer à déplaire à une diplomatie puissante, qui usurpe le droit d'ordonner des destinées de tous les peuples? L'asservissement est consommé. Il n'existe plus ni distance ni climat qui puissent ralentir l'action despotique des *interventions;* elle a partout ses tribunes aux écoutes, et, averties par ses fidèles agens, elle envoie d'abord des conseils, ensuite des menaces, et bientôt elle expédie des ordres impérieux; personne n'est à l'abri de l'influence de ce système querelleur.

On a donc formé insensiblement avec le temps, au-dessus de la société commune, un *aréopage suprême*. Il fut autrefois sédentaire et transitoire. Il est devenu mobile et permanent ; mais toujours ultra-monarchique, prétendant *octroyer* nos vœux, nos pensées, nos désirs, nos intérêts et notre bonheur. Tout doit dépendre de sa sanction. Il faut obtenir son agrément, si le besoin nous commande d'entreprendre des améliorations, ou d'établir des garanties dans l'intérêt de notre sort politique ; son assentiment est une faveur, et son indulgence une marque de protection. Mais on ne doit plus rien espérer de sa bienveillance, dès qu'il est question des droits des peuples et des devoirs des rois.

C'est cependant pour avoir méconnu ce juste équilibre, que les diplomates ont rendu si volumineuse l'histoire de la révolution. Adoptant quelques axiomes de la philosophie, aussi simples que naturels, ils l'eussent réduite à un petit nombre de pages : de telles archives ne grossissent jamais, que par la faute des castes privilégiées ; en effet, sans les fatales illusions de l'orgueil, de la haine et de l'égoïsme, les féodaux de l'Europe auraient-ils fomenté contre la France une première coalition, brevetée par un pape, conçue à *Pilnitz* et signée à *Mantoue*, deux cités qui ont acquis le droit de revendiquer le titre odieux de fondatrices de la conflagration européenne ? Aurait-on vu les princes d'outre-Rhin, sous le voile de l'hospitalité, accueillir les émigrés, applaudir à l'esprit de vengeance, les armer, les solder, et leur prodiguer les moyens d'ensanglanter leur patrie. La Vendée, à son tour, aurait-elle obéi honteusement à l'influence ultramontaine, et arboré des croix et des chapelets au milieu de ses bruyères ? si on l'eût laissée à sa propre inspiration, elle eût au contraire éprouvé la fierté de combattre pour la liberté, et se serait épargné le regret de se voir aujourd'hui, malgré elle, *déféodalisée*, et de ne devoir cet insigne bienfait ni à son courage, ni à ses sacrifices.

Nous-mêmes, si on n'avait pas voulu faire de la France un nouveau siége de Troie, amans jaloux de notre liberté, et connaissant tous les hasards auxquels on l'expose sur les champs de bataille ; nous-mêmes, aurions-nous pu songer à courir aux armes : il fallut cependant nous élever à la hauteur du danger, et tenter d'enfoncer les bataillons ennemis qui se rassemblaient autour de notre territoire. Sortis du sein de nos chaumières, et nous arrachant des bras de nos parens, nous nous élançâmes au-devant de l'impérieuse ligue germanique ; elle riait de notre inexpérience et se confiait dans sa tactique et ses vieilles routines, tandis que nous, nous ne placions tout notre espoir que dans cette Providence, qui inspire le courage à quiconque sait braver la honte de l'esclavage.

Mais quelque légitime que fut notre enthousiasme guerrier, nous reprochera-t-on de n'avoir pas déploré la nécessité de le rendre funeste aux féodaux et à leurs aveugles satellites? L'humanité elle-même qui déteste la gloire de la bonne cause, lorsqu'elle est le prix de l'effusion du sang, s'apaisera en notre faveur, car elle nous a vus souvent tressaillir de joie à l'annonce de la paix et des alliances ; avec quels transports d'allégresse nos temples et nos maisons étaient illuminés ; quelle n'était pas notre franchise dans les couplets et les chansons que nous inspirait une heureuse réconciliation ; et avec quelle promptitude nous déposions les armes, toutes les fois que le despotisme et les castes consentaient à reconnaître et honorer notre liberté reconquise.

Un pareil caractère et de si heureuses dispositions à se

concilier l'estime et l'affection, devaient-ils devenir inutiles pour consolider la bonne intelligence, entre les Français et l'Europe? Tout les peuples ont leur prix et leur valeur morales; mais serait-ce trop hasarder de dire que la nation française a reçu de la nature des faveurs particulières et une sorte de coquetterie qui séduit et entraîne? Peut-on la haïr long-temps, lorsqu'on convient de ses qualités aimables, et celui-là ne serait-il pas encore barbare, qui voudrait anéantir le modèle de la civilisation?

Cependant pour l'avantage du régime des vils préjugés, les féodaux européens ont voué la France à toutes les épreuves de leur machiavélisme; il a fallu décider, les armes à la main, si elle obtiendrait une constitution, ou si elle retomberait dans l'esclavage. Le pouvoir absolu est la sauve-garde de la féodalité, et ce qui seul peut tromper sa surveillance, c'est le voisinage de la liberté. On jura donc vingt fois la paix et on renouvela vingt fois les combats et les batailles; la mauvaise foi dans les traités et le jeu des sermens prirent une si grande extension, que nos victoires mêmes ne pouvaient devenir une garantie sûre de notre civique indépendance; à chaque instant on nous fournit de nouveaux motifs d'imprimer à notre naturel la rudesse, à nos sentimens l'exaspération, à nos vertus l'humeur acerbe, de changer notre législation en un régime de lois d'exception; enfin, de communiquer à notre marche et à nos résolutions la célérité des éruptions volcaniques. Existe-t-il d'autres planches de salut dans le danger?

Comment, en effet, surmonter l'influence des événemens, dompter sa profonde indignation, et rester impassible à la vue des attentats qui menaçaient la liberté et la patrie? De toutes parts la trahison circonvenait le territoire. On livrait à la coalition féodale d'honorables législateurs, qui, dans des citadelles germaniques, réclamèrent en vain l'appui de leur titre public et la protection du droit des nations. *Rome* et *Rastadt* faisaient lâchement couler le sang des agens accrédités de la France ; on mobilisait au milieu de nous des bandes d'espions, de traîtres et de boute-feux ; chaque partie de nos départemens était jalonnée, tantôt pour des complots, tantôt pour des massacres ; on vit la ligue et les comités de l'étranger se faire ouvrir nos ports et nos arsenaux, et les incendier parce qu'ils ne pouvaient les garder long-temps. Désespérés et humiliés de l'inutilité et du déshonneur de leurs tentatives pour arriver à une contre-révolution toujours ajournée ; ils jugèrent que pour éteindre le germe des doctrines, ils devaient attaquer la population : ils vomirent, dans ce dessein, un essaim d'émissaires, chargés de prôner les échafauds, d'exagérer les opinions, et de pousser jusqu'au délire la liberté elle-même, qui, quoique novice, ne frémissait pas moins des excès dont elle devenait le prétexte. Eh! qui, en effet, la verrait jamais meurtrière et inhumaine, si elle n'avait pas pour conseillers et même pour acteurs des ennemis travestis?

Au milieu de ces commotions, la licence et l'anarchie, triste résultat de la résistance que nous éprouvions, gardaient mal les côtes, les routes et les chemins. Lyon et Toulon, trompés par des nobles émigrés, garnirent de canons leurs remparts rebelles ; les Vendéens reçurent des armes et des soldats ; les chouans organisèrent des bandes de voleurs et de pillards ; si quelques-unes de ces bouches du volcan venaient à s'éteindre par lassitude ou impuissance, elles se ranimaient bientôt à la voix et aux intrigues de l'Angleterre. Ce cabinet, qui gouverne des sujets libres, mais qui ensanglante la liberté chez les autres peuples, osait avoir pour mercenaires, des princes et des rois. Il groupait autour de sa diplomatie les nobles et les prêtres du Continent. Il avait changé le salaire de l'hospitalité en une solde de guerre ; sans rougir des instrumens dont il se servait, il les employait à la prolongation des troubles et des haines. Sans être scrupuleux sur le choix des artifices dont il faisait usage, il en inventait de nouveaux pour se venger de la France, aux dépens de la population de l'Europe ; ses guinées ne remplaceront jamais les armées qu'il achetait et que nous avons détruites.

Dans cet accord européen de tant de manœuvres antisociales, quel spectacle offrait la France ? Ne paraissait-elle pas une victime, qui se débat entre l'épée et le poignard avec lesquels on prétendait l'égorger ? N'est-ce pas autour de ses frontières, et même jusque dans son sein, que, sous le nom de guerre et de politique, des stratagèmes, des machinations sont rêvés sans cesse par la vengeance féodale ? Si la fortune et son courage ont assuré à sa défense légitime un immortel triomphe, n'a-t-elle pas ajouté à sa gloire cette modération qui lui a interdit le déshonneur des représailles ? Le code ordinaire de la destruction lui semble toujours trop ample, pour y ajouter encore les machines infernales contre la vie des chefs de l'État, la fausse monnaie, qui ébranle la fortune publique, et les fusées à *la Congréve*, qui incendient la paisible population des cités. Le génie des inventions a aussi son juge dans la morale.

Enfin, est arrivé pour la France, le jour de sa réconciliation avec l'Europe. Rentrera-t-elle dans le cours ordinaire des affections et des relations entre les peuples, et, comme à une ville assiégée dont les ruines attestent le courage, lui accordera-t-on une capitulation honorable ? Ses ennemis, en signant la paix, ont-ils appris à se convaincre qu'une révolution n'est jamais la fille de la fatalité ; qu'il faut toujours en chercher la cause et l'origine dans l'injustice et la tyrannie des oppresseurs privilégiés ; que lorsqu'elle se détourne de sa route pour se jeter dans la lice des combats et devenir conquérante, c'est parce qu'on a épuisé sa patience par d'insolentes provocations, et qu'on l'a alarmée sur son avenir ; qu'enfin la justice exige que ceux-là seuls répondent à l'humanité des ruines et des calamités dont ils ont été les premiers auteurs ? On peut cependant être excusable dans l'ordre social qui, malheureusement, n'exclut pas les animosités et les guerres ; mais on n'est jamais digne de pardon pour les avoir rendues persévérantes, en plaçant sans cesse une nation entre la servitude et la nécessité de combattre pour sa liberté.

Ces vérités, toutes simples qu'elles soient, n'ont point servi de préambule à la réconciliation. La victoire, quoique inespérée, n'a pas suffi pour apaiser la vengeance des féodaux coalisés. On a vu la paix avoir à son tour son état de guerre et ses hostilités.

La rancune aristocratique, se cachant sous le voile des proclamations et des sermens, a méconnu avec dédain notre influence politique ; comment, en effet, se dissimuler qu'elle a rejeté du plateau de la balance de l'Europe, une nation qui y possédait encore tous les monumens de sa gloire et tout le poids de sa population. C'est au mépris de la religion des traités, c'est en violant les droits d'une possession légitime, qu'on a enlevé à notre territoire la frontière du Rhin. On pouvait croire avoir assez satisfait à son triomphe, en réduisant la France à ses anciennes limites ; mais on s'est permis long-temps de la menacer de subir une circonscription plus honteuse encore. Sous ses yeux, et contre ses intérêts politiques, n'a-t-on pas procédé à l'allocation de tous les états et de tous les peuples du continent ? La Pologne et la Norwège ont été enclavées dans des couleurs nouvelles ; Venise, Gênes, les Pays-Bas, les rives du Rhin ont reçu des mains du congrès des maîtres étrangers ; et cent autres contrées de l'Europe ont dû à l'humiliation de la France le joug nouveau qu'on leur a imposé.

Quelque ton évangélique qu'ait emprunté la diplomatie, elle n'a pas moins épuisé nos caisses publiques. Des indemnités et une liquidation sans réciprocité ont obéré notre fortune financière pour une longue suite d'années. Quels torts peut-on reprocher à la France qu'elle ne puisse victorieusement rétorquer ? Les pacificateurs n'ont-ils pas fidèlement imité les conquérans ? Les droits et la dignité d'une nation n'ont-ils pas plié sous le poids du plus fort ?

L'Anglais lui-même, chargé par ses propres annales du reproche de vingt révolutions domestiques, n'a pas rougi de pratiquer la piraterie de la paix. Accapareur insatiable de côtes, de hâvres, d'îles et d'îlots, il s'est livré à son penchant de s'emparer de tout ce qu'il trouve à sa convenance, bon ou mauvais; cependant il faut louer cette fois sa modération ; il aurait pu prétendre à de plus brillantes usurpations, puisqu'il s'était élevé au généralat de l'Europe. Mais il s'est judicieusement borné à ne retenir sous sa surveillance que le Portugal, et à n'envahir que Malte, l'Isle de France et le protectorat des îles Ioniennes.

Ces dernières épreuves paraîtront acerbes, si l'amour-propre en décide. On en accusera la politique féodale, qui depuis vingt ans soupirait après ce triomphe ; mais il reste aux Français un dédommagement qu'on ne leur disputera pas : ils se sont acquis sous la pesante lutte de leurs ennemis une gloire nouvelle ; tous les orateurs et les journalistes l'ont nommée *la gloire de la résignation ;* elle n'est pas en effet fort commune dans les annales d'un grand peuple.

Le cadre dans lequel nous venons de circonscrire l'œuvre des castes, des diplomates et de leurs coalition, laisse facilement apercevoir des lacunes à remplir ; elles seront comblées dans l'exécution de cet ouvrage, et l'on n'y a rien négligé pour intéresser la curiosité des lecteurs. Le choix qu'on a fait parmi les détails et les épisodes, fixera l'application de cette justice distributive qu'on nous refuse jusqu'à ce jour. Chacun jugera par lui-même, si les féodaux de tous les pays ont quelque droit de vanter, à nos dépens, leur loyauté, leur humanité, leur sagesse, leur équité et leur morale. Ce n'est point l'histoire des Français qu'on se propose d'écrire, mais celle de la révolution, qui appartient moins à nous qu'à nos ennemis qui en ont prolongé le cours, et multiplié les pages. l'Europe enfin désabusée, doit reconnaître l'ouvrage de ses mains et avoir désormais la franchise d'un coupable converti.

La vérité, toujours si dangereuse à dire, n'est plus du moins difficile à découvrir ; les archives se complètent chaque jour davantage ; on voit fuir devant soi le doute et l'insuffisance des preuves ; il suffit d'avoir le zèle de la proclamer, pour l'exhumer des bibliothèques où la pusillanimité et une fausse politique la tiennent ensevelie. Elle fait bien encore quelques martyrs, tant les hommes sont dans l'habitude de l'opprimer, mais ses secrets s'échappent de toutes parts; c'est l'ordinaire qu'à la fin des révolutions, les aveux, les confessions, les confidences viennent désenchanter la bonhomie des dupes. Nous nous trouvons à l'époque précise où les intérêts mécontens, les amours-propres blessés et les ambitions déchues protestent, accusent, trahissent les différentes bannières qu'ils ont suivies. On est à même, avec les mémoires des uns et à l'aide des écrits des autres, de surprendre la vérité, et d'en avoir ainsi l'obligation à la bouche des traîtres et à la jactance des ennemis de notre pays.

D'ailleurs, la diplomatie elle-même, rassurée aujourd'hui par le despotisme qu'elle a établi sur toutes les doctrines et sur les peuples, ne se ménage plus avec autant de soin qu'autrefois; elle commet de nombreuses indiscrétions èt confirme tout ce qu'en secret on pensait de ses mystères. On peut juger par ce qu'elle ose faire durant la paix, de ce qu'elle se permettait d'entreprendre dans le temps de notre résistance; elle montre dans sa marche, la confiance qui sied si bien à la Sainte-Alliance. Les énigmes ne lui sont plus nécessaires, pour parler en présence de la grande famille plébéienne de l'Europe. Celle-ci ne doit-elle pas recevoir les ordres de ses congrès?

Ainsi devenus riches en matériaux historiques, pourquoi ne les dépouillerions-nous pas pour en former un contraste instructif, avec les impostures que débitent les ennemis de notre révolution? Ce serait sacrifier bien gratuitement l'honneur national, que de négliger d'en présenter une analyse simple et rapide au public français et au public étranger; on datera long-temps de l'époque où nous avons vécu; notre révolution commandera dans l'avenir à plus d'un siècle; elle a le poids de la grande facture politique ; tout nous invite donc à lui conserver les justes proportions qu'elle s'est données par ses travaux et par ses malheurs.

Ce qui nous fait concevoir l'espoir d'être écouté avec quelque faveur au-delà des frontières, c'est que les peuples étrangers réclament aujourd'hui, comme nous autrefois, les garanties que leur dispute la féodalité. On cesse d'être incrédule, quand la même injustice nous atteint. Puisqu'ils se sont déterminés à se mettre en face de leur aristocratie, ils doivent déjà avoir appris par leur propre expérience, si les castes et les diplomates accusent à tort ou avec raison les peuples et les innovations. Ils ne peuvent plus ignorer combien les féodaux sont incapables d'épargner dans leurs dénonciations, l'honneur et la réputation des plébéiens qui invoquent les bienfaits de la liberté et les doctrines de la philosophie.

Cependant comme leur marche politique vers les constitutions libérales est plus lente et plus timide que ne fut celle des Français, ils ont encore de la peine à secouer leurs préventions. La calomnie continue à nous être nuisible dans leur esprit ; ils tergiversent dans la foi due à notre conscience et à nos intentions ; mais pour peu qu'ils insistent plus vivement auprès de leurs castes privilégiées, et qu'ils s'obstinent à exiger d'elles les concessions que sollicitent la justice, la nature et le siècle, il arrivera bientôt que nous serons vengés. Ils acquerront la conviction que nous voulons faire naître par notre histoire; et ce sera, pour la révolution, le titre le moins équivoque de sa justification.

Cependant nous ne prétendons pas leur prédire des malheurs ; on récuse cette triste science. Leur entreprise peut s'accomplir, moins chargée d'animosité et de haines. Nous avons peut-être affaibli pour eux les forces de la féodalité, et neutralisé ses moyens d'attaque ; cet éminent service sera reconnu un jour. Néanmoins on ne peut pas s'empêcher de leur dire que l'aristocratie est, de sa nature, essentiellement militante contre la liberté ; que ses dogmes ne changent pas, sous quelque climat qu'elle se trouve ; qu'elle ne pardonne jamais les alarmes qu'on lui cause pour ses priviléges. S'il faut songer sérieusement à leur conservation, dès-lors, sans aucun scrupule, elle paie des troubles, excite des émeutes, crée le système des exagérations, et fait commettre les excès qu'on voit toujours s'associer à une révolution.

Lorsque les féodaux ont de la sorte compromis l'honneur et la moralité d'une nation, insensibles par orgueil et par intérêt aux maux qu'ils produisent, ils abusent de la crédulité des peuples leurs voisins, et osent même induire en erreur l'Europe entière, sur le caractère et la nature des événemens. L'artifice qu'ils emploient n'est pas d'une grande invention ; il est seulement remarquable par sa lâcheté, puisqu'il ne consiste que dans l'impudence de supposer des forfaits qui n'ont point existé, des projets qui ne furent jamais formés et des attentats auxquels personne n'a pensé. C'est avec l'appui de ces deux bases monarchiques que les castes soutiennent leur pesante antiquité et prennent des sûretés pour l'avenir.

Au milieu de ce monde politique où les peuples adoptent ou repoussent le gouvernement des trônes absolus, il est utile de leur signaler les criminelles manœuvres de l'ordre féodal ; l'Europe plébéienne a besoin surtout qu'on lui rende ce dernier service. Qui, mieux qu'elle, nous retrace encore les siècles du moyen âge où la noblesse inventa la servitude organisée ? C'est avec le plus vif intérêt pour son bonheur futur, qu'en cherchant à réfuter devant elle la calomnie qui nous poursuit depuis vingt-cinq ans, nous indiquerons à son inexpérience les piéges qu'elle doit éviter, la classe d'ennemis dont il faut se défier, et le genre de fermeté et de courage qu'on est obligé de montrer, lorsqu'on veut fonder sa liberté et se dépouiller de la honteuse enveloppe des préjugés. Tout le travail des siècles est dans cet heureux résultat; et si le monde a déjà parcouru la moitié de sa course, comment existe-t-il encore des nations esclaves sur la terre ?

IMPRIMERIE DE BAUDOUIN FILS.

www.ingramcontent.com/pod-product-compliance
Lightning Source LLC
Chambersburg PA
CBHW060557050426
42451CB00011B/1959